Dieses Buch gehört

....

Das Sexualleben des Mannes - basierend auf einer äußerst interessanten Fallstudie.

Mehrere Männer (zwischen 25 und 60) durften und sollten offen wie nie über ihre sexuellen Vorlieben und Erfahrungen, ihre Anmachtips und nicht zuletzt die Vorstellung von ihrer Traumfrau – kurzum über Liebe und Sex und alles dazwischen unzensiert alles sagen.

Wirklich ALLES.

Dass Frau das nicht auf sich sitzen lassen kann, ist klar. Neunzehn Ladys nahmen daraufhin auch kein Blatt vor den Mund. Sie ließen es sich nicht nehmen, darauf zu antworten und hemmungslos zu kommentieren und zu lachen und und und.

Ich wünsche Ihnen viel Vergnügen mit meinem Buch:

Das Sexualleben des Mannes

Ihre Remy Schoen

Das Buch zum Buch

Das Chaos-Wochenende

Das Sexualleben des Mannes

Eine Reportage, wie Sex sich auf das Leben
und die Psyche des Mannes auswirkt!

Oder wie ich sagen würde:

„Bewerte nie ein Buch nach seinem Einband!"

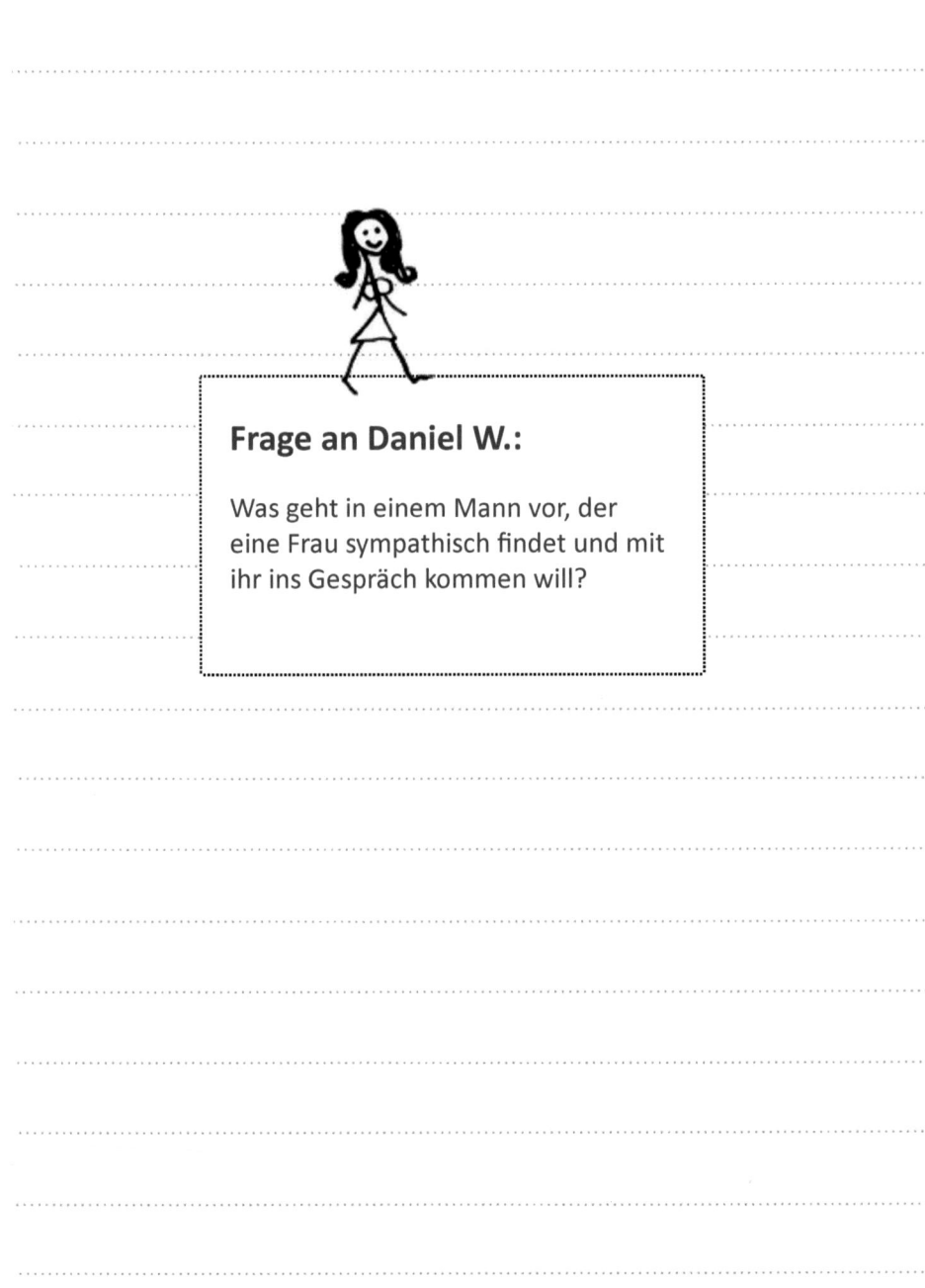

Frage an Daniel W.:

Was geht in einem Mann vor, der eine Frau sympathisch findet und mit ihr ins Gespräch kommen will?

Das würde mich auch interessieren. wahrscheinlich kommt irgend so ein blöder Spruch.

Daniel W.:

Wenn ich bemerke, dass ich eine Frau interessant finde, dann hat das ja meist einen Grund.

Das Aussehen alleine ist zu wenig!

Echt, jetzt?

Kaffee am Morgen vertreibt Kummer und Sorgen. ;-)

Ha, ha! witz komm raus
du bist umzingelt!

Klar, „Mann" denkt zuerst:
„wie bekomm ich Frau
ins Bett?""und nicht: „wie
quatsch ich sie an?"

Remy:

Das dachte ich mir. Geben Sie
doch mal ein Beispiel.

Wie sieht das aus?

Wen meinen
Sie jetzt?

Typisch Mann! Keine Ahnung von nichts, aber gscheit daherreden!

warum wundert mich das nicht?

Leocardia S. sagt dazu:

„Aller Anfang ist schwer."

Mit Anmachsprüchen von Männern kenne ich mich mittlerweile aus - na ja, bin auch schon zarte Ü-50. ;-)

Ganz schlecht jedoch finde ich alles, was mit „Schöne Frau" beginnt! *lach* Einfach, weil ich mich dann mehr verarscht als angebaggert fühle!

Was mir so richtig gut gefällt?

Wenn ein Mann etwas „Schönes" an mir bemerkt, z.B. wie: „Du hast richtig schöne Augen".

Das bewirkt wahre Wunder!

Meine Rede!!!

Frage an Daniel W.:

Geben Sie mal ein Beispiel! Wie würden Sie mit einer Frau ins Gespräch kommen?

Gibt es da evtl. eine Situation, die Sie schon selbst erlebt haben?

„Er muss überlegen, was und wie viel er mir erzählen kann. Nicht, dass Frau schreiend davonrennt und „Wüstling" schreit."

Daniel W.:

Ja, natürlich habe ich so etwas schon erlebt. Ich spreche die Frau auf ihre Interessen an.
Sie möchten jetzt sicher ein Beispiel von mir hören ...

Na, klar wollen wir das!
Tzzzz ....

Kopfschüttel Blitzmerker!

Remy:
Ja, das wäre sehr
hilfreich, Daniel.

Peggys Meinung lautet:

Wenn Männer krank sind, und zwar so richtig, wenn sie auf der Couch liegen und dahinvegetieren und sogar nach Hilfe zum Atmen stöhnen ... aber dann alle verfügbaren Kräfte mobilisieren und allen Ernstes nach Sex fragen ... :-o

... Und vor allen Dingen, nicht nur wollen, sondern tatsächlich können, für diese schauspielerische Höchstleistung haben sie meinen Respekt und meine vollste Bewunderung verdient. :-)

Du hast sooooo recht, Peggy! Manchmal fragt man sich echt ...

Marina sieht die Sache so:

Ich muss zugeben, als ich mir die Unterhaltungen der Männer durchgelesen habe, musste ich bei manchem doch kurz schlucken. Ich denke, ich könnte sofort das ungefähre Alter der Herren schätzen.

Es war doch eine recht ehrliche und interessante Unterhaltung. So einen Einblick in den Kopf des Mannes bekommt man ja nicht alle Tage. ;-)

wo du recht hast, hast du recht!

Obwohl ich glaube, dass sich einige der Herren sehr zurückgehalten haben.

Daniel W.:

„Hallo Remy, ich habe gehört, du schreibst Bücher. Welche Art von Büchern schreibst du denn?"

Sein Hintergedanke wird wahrscheinlich so ausfallen: Wow, was für ein heißer Feger. Ob die das Kamasutra auch schon komplett durch hat ...?

Max K.:

Das kann man nur wissen, wenn man die Frau schon kennt. Ich würde fragen: „Hallo, schöne Frau. Ich habe dich hier schon öfters gesehen." Und dann warte ich, was ihre Reaktion darauf ist.

Hm ... das ist
eben Humor.
Ob der das
wirklich so macht?

Marina hätte da auch noch ein paar Einblicke.

Zum Beispiel: Wenn es in einer Beziehung mal Streit gibt ...

Kennt ihr auch solche Männer, die im Anschluss Sex wollen?
Ja? Ich schon. Der so genannte Versöhnungssex. Auf die Frage,
warum er immer nach einem Streit Sex möchte, bekam ich eine
Antwort, die mir bis heute nicht ganz einleuchtet.

Die Antwort kurz und knapp: „Ich muss wissen, dass mit uns
wieder alles okay ist."

Womit genau? Mit meiner Vagina?

Dazu kommt noch die nette Angewohnheit,
nach einiger Zeit in der Beziehung an das
frauliche Hinterteil zu wollen.

Mit seinem
Schwanz
bestimmt
nicht.

Haben die kein eigenes? *Kopfschüttel*

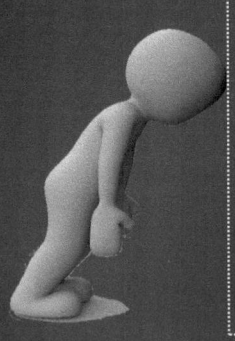

Doch, Liebes, das haben sie,
nur das können sie nicht
selbst ficken! Frag ihn doch
mal, ob er einen Dildo da rein
haben will?
Die Antwort würde mich
wirklich interessieren.

Daniel W.:

Das ist der dümmste Anmachspruch, den ich je gehört habe. Das muss man geschickter anstellen. Wie beispielsweise: „Ich mag intelligente Frauen. Liest du gerne? Was interessiert dich so?"

Öhm? kann man schon am Gesicht erkennen, ob jemand gerne liest!

Mit Marina geht's weiter:

Super sind auch die Gespräche nach dem Sex. Wie
z. B.: „Mann, da hab ich wieder alles gegeben, du
bist viermal gekommen ... ich habe mitgezählt." ^^

oh weh, weiß der
denn nicht, dass
„Frau" das auch
vortäuschen kann?

Max K.:
Ey, Daniel, wie alt bist du?

Daniel W.:

Was hat das damit zu tun? Ich finde nur, diese blöden Anmachsprüche ziehen nicht so. Das heißt ja nicht, wenn ich sie nach ihren Interessen frage, dass sie gleich losplappert. Vor allem findest du so heraus, was sie denkt.

Kluge Antwort!

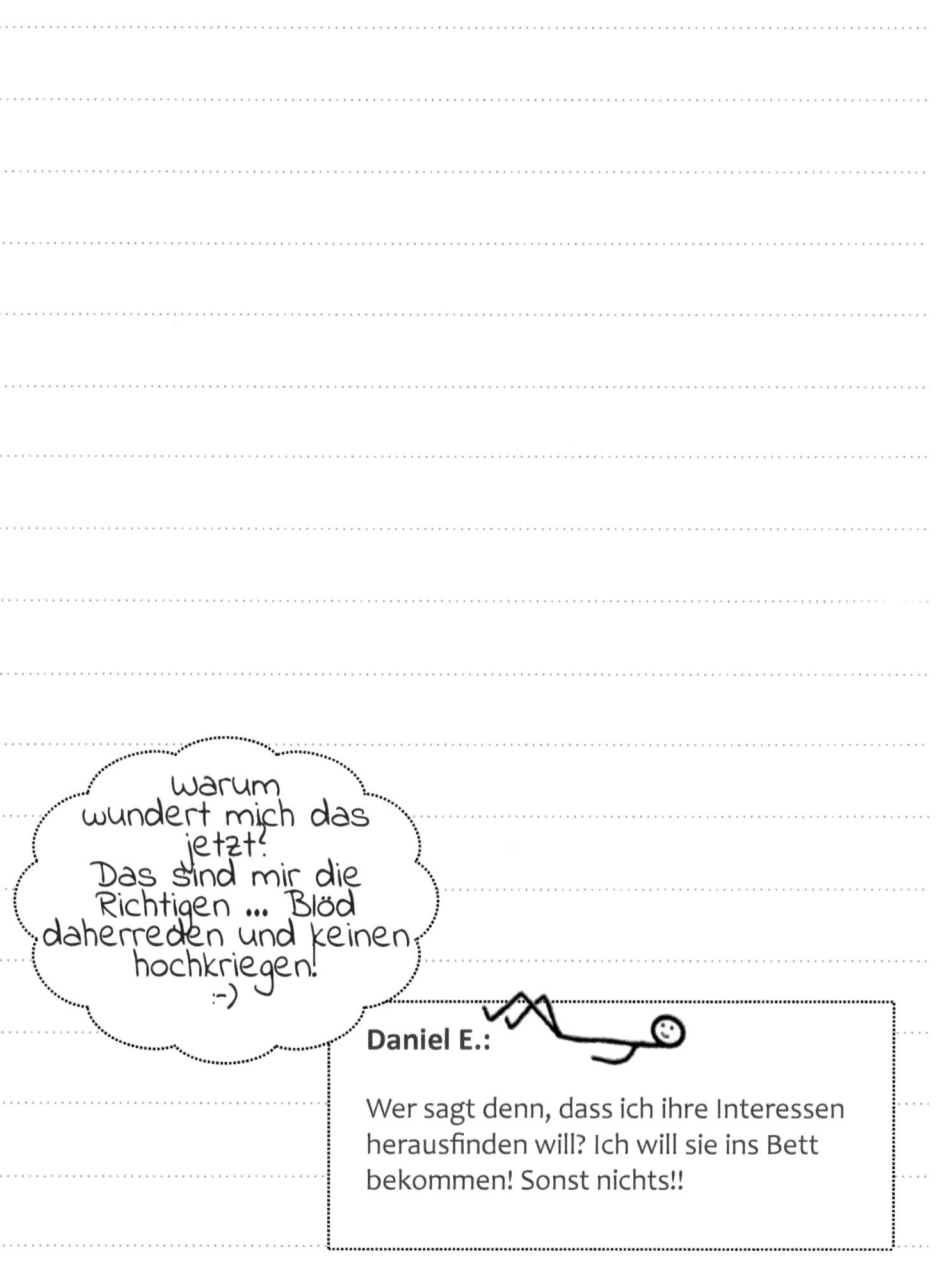

warum
wundert mich das
jetzt?
Das sind mir die
Richtigen ... Blöd
daherreden und keinen
hochkriegen!
:-)

Daniel E.:

Wer sagt denn, dass ich ihre Interessen
herausfinden will? Ich will sie ins Bett
bekommen! Sonst nichts!!

Hannelore L. sieht das so:

Die Quintessenz ist doch: Ich sehe eine Frau. Sie sieht gut aus. Ich will sie ins Bett kriegen. Alles andere ist uninteressant.

Spaß ist alles! Liebe – soll es geben, aber erst später, und dann nur eine Frau, die nicht schon vorher mit vielen Männern im Bett war.

Ich denke, da hast du recht, was die meisten Männer betrifft. Aber ich denke nicht, dass in unserer heutigen Zeit die Frauen den Männern alles auf die Nase binden, mit wem sie schon Sex hatten oder nicht.

Love
45

Frage an Daniel E.:

Ist das nicht ein wenig
diskriminierend, eine Frau nur aufs
Bett zu reduzieren?

Genau!
Bett wäre ja noch eine
Option. Nur viele vergeben
ja insgeheim Noten für den
Sex. Vor allem solche
Haubentaucher wie
Daniel E.!

Daniel E.:

Nö. Warum? Es geht hier doch um den Spaßfaktor. Wenn der Sex nicht passt, dann ist die Beziehung auch nichts. Ne prüde Frau brauch ich nicht. Schließlich bin ich noch jung. ;-)

Franzi hat da eine andere Meinung

zu dem Thema:

Nicht nur die Männer denken immerzu an
Sex – nein! Wir Frauen sind genauso schlimm. Wir können
es nur besser verstecken.

Tja, gelernt ist
gelernt.
Die Frau - das
unbekannte Wesen.

Ob das die Kerle inzwischen wissen? Hoffentlich nicht!

Keine Sorge!
Da ist das Ego viel zu
groß!

Ich glaube, der beste Spruch meines Mannes war mal: „Ich
brauche nicht zu kommen, dir 2–3 Orgasmen zu schenken,
ist Befriedigung genug. :–)

Mädchen, für so
eine Aussage
musst ihm aber
einen Orgasmus
schenken.

Kinnlade runter

„Achtung, Einzelexemplar!"

Daniel W.:

Falls ich das nicht falsch verstanden habe, geht es hier doch um
unser Sexualleben und wie es sich auf das Leben und die
Psyche auswirkt.
Sex ist ja schön und gut, aber ohne Gefühl ist das doch auch
nichts ... warum soll man sich jedes Mal solch eine Mühe
machen?

Jepp!
Das, lieber
Daniel, frage
ich mich
allerdings auch
bei manchen
Männern.

Echt? und die da wären: Sex, Sex, Sex? Nur um mal 3 zu nennen!

Mark R.:

Aber, Daniel W., das findet doch nicht schon beim Kennenlernen statt.
Wenn sie interessiert ist ... erst dann schaut Mann weiter. Es gibt doch auch noch mehr Faktoren ...

Remy:

Mark R., welche Faktoren wären das?

Renate:

Hallo Remy,

Ich finde die Idee vom Sexualleben des Mannes interessant. Eigentlich müsste dabei stehen – aus der Sicht der Frau. Etwas anderes kann ich leider nicht anbieten.

Ich denke, da gibt es nicht recht viele Unterschiede. Mann und Frau wollen es. Beide zicken sich an. Zwei Hälften streben zueinander.
Wie wirkt sich Sex aus?
Ist er gut – positiv. Ist er schlecht – negativ. So einfach ist das.

Der große Unterschied zwischen Männern und Frauen ist meiner Meinung nach, dass Männer öfter Sex haben wollen/müssen – schließlich produzieren sie ständig Spermien. Es ist sicher nicht immer angenehm, als Mann am Abend ein erfülltes Sexleben zu haben und am Morgen schon wieder mit einer Latte aufzuwachen. Ein weiterer Unterschied ist, aus meiner Sicht, dass Männer besser Sex und Liebe trennen können.

Wie oft kommt der Spruch: „Das war doch nur Sex. Dich liebe ich!" Damit will ich aber nicht sagen, dass es nicht auch solche Frauen gibt. Aus meiner Erfahrung aber eher weniger.
Man kann es natürlich nicht verallgemeinern, wie ein Mann bei einer Frau punktet. Es steht doch jede Frau auf einen anderen Typ Mann. Es kommt immer zusammen, was zusammen gehört.

Mich persönlich interessiert nur ein Mann, der mich geistig und körperlich anzieht. Ein One-Night-Stand interessiert mich nicht – ich will mehr!
Liebe und Sex gehören für mich zusammen. Ein guter Liebhaber kann nur sein, wer die Erfüllung der Frau genießt und erst danach auf sich schaut. Leider scheint es nicht viele von der Sorte zu geben. Laut Statistik haben 60 % der Frauen keinen Orgasmus. Ein trauriges Zeichen! Welche Frau will schon einen Rammler, der sich nach 10 Minuten umdreht und schnarcht?

Keine!

Das Ziel der Männer sollte sein: Die Befriedigung der Frau und nicht die eigene. Ich kenne auch einige Männer, die das auch so sehen.

Wenn man sich fragt, was die geheimen Fragen beim Sex sind, glaube ich, wird man keine ehrliche Antwort bekommen. Am besten ist es, wenn der Sex so gut ist, dass man gar nicht mehr an Fragen denkt ...!

Liebe Renate,

danke erst einmal, dass du hier mitgemacht hast. Sicher kannst du meine Gedanken nicht lesen, das sollte auch so bleiben, aber ich will doch etwas zu deiner Ausführung sagen:

1. Zu deinen zwei Hälften ist mir spontan eingefallen: A-Quadrat sucht B-Quadrat für gemeinsames C-Quadrat.

2. Zwecks positiv und negativ: was ist mit Zwischendrin?

3. Die Latte am Morgen mag ich auch. Nur meine Latte hat mit Kaffee zu tun. Obwohl so zwischendrin wäre die andere Latte auch nicht schlecht. ;-)

4. Eh, he, ähm, ja, also wenn mir ein Mann sagen würde, das war doch nur Sex, würde ich ihm die Bratpfanne um die Ohren hauen, oder am besten gleich an die Luft setzen. So ein Spruch geht gar nicht. Meiner Meinung nach sagen Männer das nur, wenn man sie beim Fremdgehen erwischt hat. Aber da ist das Kind ja schon in den Brunnen gefallen. :-/

5. Das mit dem Deckel. Komischerweise passt das immer, und wenn er noch so wackelt.

6. Mehr wollen wir alle, glaube ich. Ab einem bestimmten Alter noch mehr. In jungen Jahren, da begnügt man sich mit weniger. Das ist meine persönliche Meinung. Jetzt, wenn einer kommen sollte, hätte er es verdammt schwer. Denn auch meine Interessen haben sich geändert.

7. Wegen der Statistik: Leider hast du da recht. Aber wir Frauen sind da erfinderisch. Ein Bob mit Batterien ist auch was Schönes. ;-) Vor allem meckert er nicht rum.

8. Ich fasse mal alles zusammen! Ein Mann, der von Anfang an nur Sex will, den kann man eh in der Pfeife rauchen. Der taugt sowieso nur für eine Nacht. Für eine Beziehung gelten andere Maßstäbe ....!

Mark R.:

Na, ob diejenige langweilig ist, oder kurz nach dem Sex schon gleich eine Beziehung will – das nervt! Dann solche Fragen wie: „Wie hat es dir gefallen, oder war ich gut? Würde dich gerne meinen Eltern vorstellen. Gehen wir heute Abend weg?"
Und andere blöde Sprüche von Frauen ... So weit schaut man doch noch nicht nach dem ersten Sex ...

Idiot!!!!

Memo an mich!

Daniel W.:

Das ist doch Käse!

Sie sieht gut aus, aber nichts dahinter ...
Ein klassischer Fickfetzen ...

Arschloch!

J. Leila:

Hallo Remy,

ich habe einmal gehört: Die Zeit ist kein Schwanz, denn sie macht niemals schlapp.

Ein Witz: Schlafen drei Männer nebeneinander in einem Zelt. Am nächsten Morgen sagt der, der rechts schlief, er habe geträumt, jemand hätte ihm einen runter geholt.

Der links Schlafende erwidert: „Hey, das habe ich auch geträumt!"

Sagt der in der Mitte: „Ich nicht. Ich habe geträumt, ich war Ski fahren."

63

Daniel W.:

Traurig ... dachte, die wären bereits
ausgestorben. Na ja, vielleicht reicht's
für ein heißes Date ... mal sehen,
wohin wir kommen ...
Das würde ich von so einer Frau
denken.

Aber
mitnehmen würdest
sie schon.
Huhu Tripper, hier bin ich
... zu mir darfst du
kommen! :-)

Daniel E.:

Boah, Alter. Bist du irre ... Es ist doch egal ... Hauptsache, sie ist willig ...!

Daniel, du wirst mir mit jedem Kommentar unsympathischer.

Remy:

Um mal wieder auf die eigentliche
Diskussion zurückzukommen. Was
sind die geheimsten Gedanken beim
eigentlichen Akt?
Eine Frage an alle Beteiligten!

Helene erzählt aus ihrer Erfahrung:

Der Alltag mit einem Mann birgt so manche Momente, wo Frau fasziniert zuschaut und am besten schweigt. Man stelle sich folgende Situation vor: Samstagmorgen: Frau schlägt die Augen auf, und was sieht sie? Einen lächelnden Mann! Normalerweise wäre das schön, aber es ist nicht normal.

Männer sind morgens nicht gut gelaunt. Aber heute an diesem Samstag ist es so. Den ganzen Tag folgen zärtliche Berührungen, leichte Küsse bis hin zu gelegentlichen dumpfen Grabschattacken, die mit diesem dümmlichen Lächeln entschuldigt werden.
Die rollenden Augen der Partnerin werden übersehen. Immerhin ist doch Wochenende, und man möchte eine schöne gemeinsame Zeit haben. Als am Abend durch Zauberhand ihre Lieblings-DVD läuft, muss Frau kopfschüttelnd fragen:
„Schatz, willst du Sex?"
Jetzt folgt ein unschuldiger Blick. „Was du wieder denkst!"
Das empörte Gesicht gerät ins Wanken.
„Gib es doch einfach zu!"
„Vielleicht." *Dackelblick*

Fazit: Lass Männer nie ausschlafen!

John MC.:

„Scheiße, ich war einfach zu schnell ... Wie kurz davor war sie? Noch weit entfernt, oder?
Hmm ... vielleicht geht's noch mal ... kann sie noch?

oh, wie süß ...

Sie schon!

Du auch?

Daniel E.:

Hey, John, bist wohl ein Schnellschießer? Ha, ha, ha!

ohne worte

Astrid sagt:

Anbaggern oder blöde Anmache mögen die meisten Frauen gar nicht. Für schöne, ernstgemeinte Komplimente wie: „Schicke Frisur, schönes Kleid!" sind sie empfänglich.

Da fällt mir ein schöner Spruch ein, den ich mal gelesen habe: „Die Natur gab den Männern einen Freudenstab. Doch der funktioniert nur, wenn das nötige Blut vorher das Hirn verlässt."

Und dann läuft es davon ...

Kein Wunder, wenn die da nicht denken können, mit so viel Blutleere im Hirn!

Mark R.: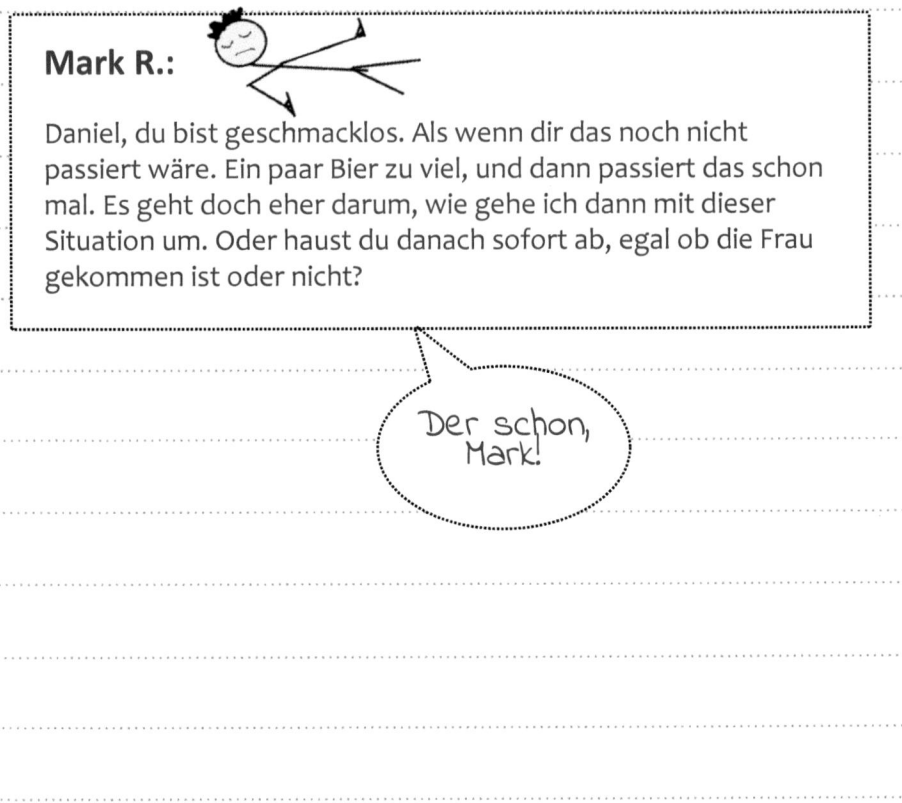

Daniel, du bist geschmacklos. Als wenn dir das noch nicht passiert wäre. Ein paar Bier zu viel, und dann passiert das schon mal. Es geht doch eher darum, wie gehe ich dann mit dieser Situation um. Oder haust du danach sofort ab, egal ob die Frau gekommen ist oder nicht?

Der schon, Mark!

Daniel W.:

Genau, Mark, meine Rede. Es kommt
darauf an, wenn alles passt ...
Der eigentliche Akt ... hm ... geil, außer es
geht auf einmal nicht mehr, dann
kommen solche Fragen wie: „Warum
geht nichts?" ... oder .... „Ich war so geil
auf sie, was ist nur los mit mir? Finde ich
sie nicht geil genug?"

Ey, Junge,
dafür gibts ne
Lösung ...

FRAU fragen!

Agata hat auch schon diverse Erfahrungen gemacht:

Das Schlimmste, was mir passiert ist, war ein One-Night-Stand mit einem Freund. Wir hatten beide Interesse aneinander und sind irgendwann bei mir im Bett gelandet. Alles okay bis dahin. Nur der Sex war mehr als langweilig, und irgendwie kam mir der Gedanke: Die Decke muss mal saubergemacht werden. Oder vielleicht auch streichen.

> wenn du fertig bist, kannst bei mir weiterstreichen ;-)

Als der Typ dann endlich VÖLLIG fertig runter ging, meinte er nur: „War das geil!" und ist so eingeschlafen.

Am nächsten Morgen ist er ganz früh aufgestanden und hat sich mit den Worten: „Mann, hab ich Muskelkater. Du auch?" verabschiedet.

> Hättest ihm vielleicht Aspirin geben sollen. ;-)

Nein, hatte ich nicht. Wir haben die Nacht nie wieder angesprochen. Ich wollte ihm die Illusion vom „guten Sex" nicht nehmen.

> He, he ... Du bist ja so ein liebes wesen ...
> :-D

John MC.:

Bis jetzt habe ich noch jede Frau dazu gebracht, zu kommen. Das Schnellschießen ... ist Müll. Nur weil man zu schnell kommt, heißt es nicht unbedingt, dass man zu viel Bier intus hat.

Meistens dauert das Vorspiel so lange, dass man schon so geil auf die Frau ist, dass man es, wenn es dann zum eigentlichen Akt kommt, nicht mehr erwarten kann.

Man hat die Frau schon genossen, man schmeckt sie noch auf der Zunge, und dieser Geschmack wandert dann südwärts. Die Erregung und das warme Nass in der Scheide tun ihr Übriges, damit man nicht mehr warten kann.

Manches kann man einfach nicht kontrollieren, es passiert eben!

2 Minuten

Walter S.:

Ich kann da schon fast nicht mehr mitreden, denn bei mir ist das schon lange her. Früher einmal muss ich ein heißer Feger gewesen sein ... ich kann mich schon gar nicht mehr daran erinnern.

Das ist doch eher etwas für die jungen Männer ... :-)

Methusalem lässt grüßen!

Monika:

Liebe Remy,

was für eine grandiose Idee. Ich habe die vielen tollen und teils lustigen Beiträge voller Begeisterung gelesen.

Das freut mich.

Ich bin der Meinung, dass der Unterschied zwischen Mann und Frau in Bezug auf Sex nicht so groß ist, wie man allgemein meint. Beide mögen und beide brauchen ihn. Nur bei den Frauen ist im Allgemeinen – so meine Ansicht – mehr Liebe und Sympathie im Spiel als beim Mann.

NICKEN

Bei ihm übernimmt halt gern der kleine Freund die Initiative, und der nimmt das oft nicht so genau.

Hihi, das solltest du aber deinem Mann nicht auf die Nase binden.

Wenn aber zwei sich gefunden haben, sieht das schon wieder anders aus. Dann ist es nicht einfach nur Sex, sondern wird für beide zu etwas, was man nur Erfüllung nennen kann.

Notwendig für Körper und Geist, nicht nur für den Mann, sondern auch für die Frau!

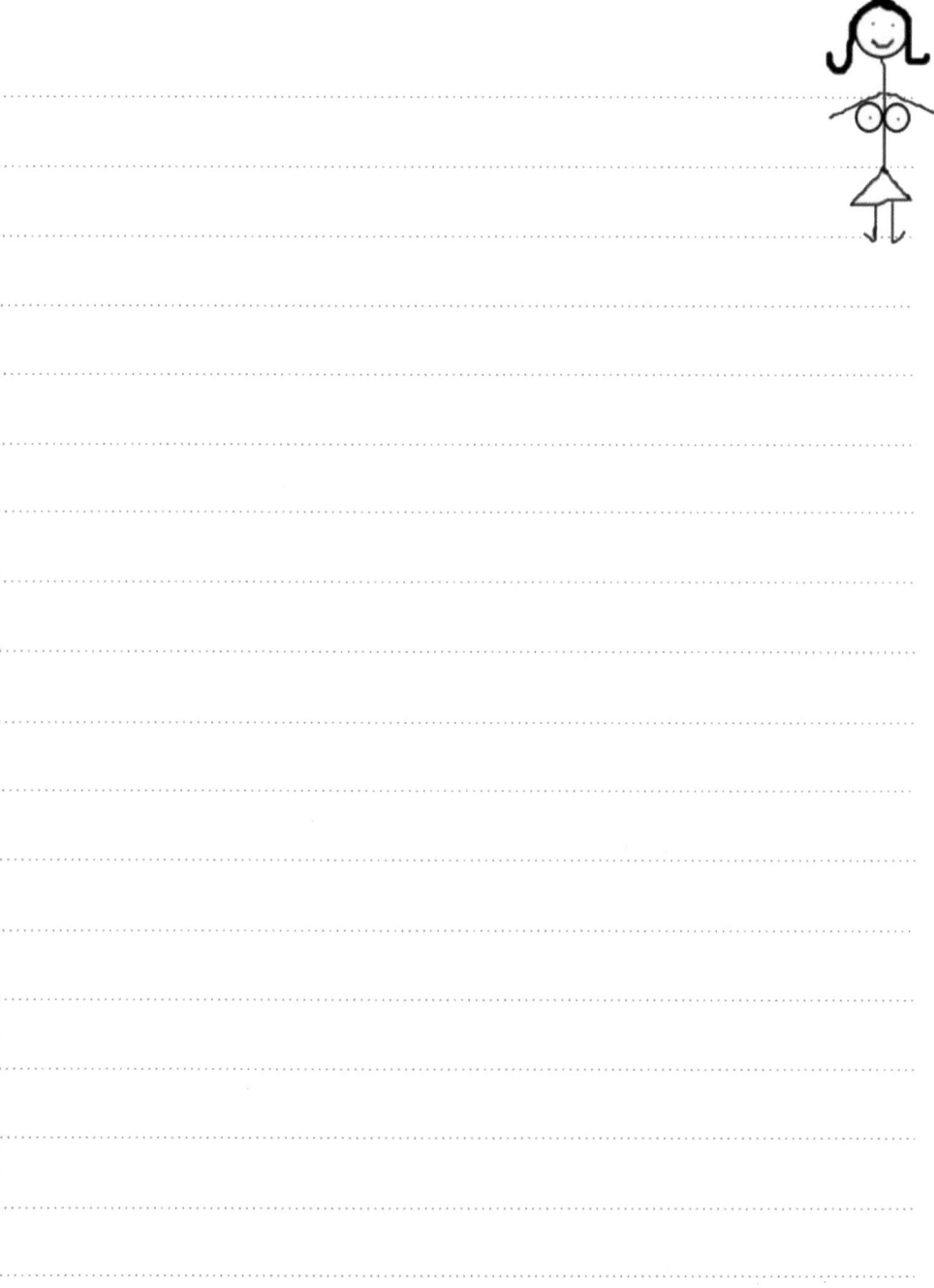

Remy an Walter S.:

Walter, man ist nur so alt, wie man sich fühlt!

Ja, genau ... und manche sind älter als alt!

Frage an John MC.:

Wären Sie also nicht abgeneigt, eine Frau, die Sie einen Tag vorher erst kennengelernt haben, am anderen Tag wiederzusehen?

wenn er nicht ran durfte - bestimmt.

John MC.:

Ich würde sie auf jeden Fall noch
mal sehen wollen!

Barbaras Meinung ist da ganz klar:

Männer wollen Trophäen sammeln oder schließen Wetten ab mit den Freunden. Wer bekommt die Frau, oder wie viele Frauen hat man schon flach gelegt.

> Punktesystem

Das stärkt das Selbstbewusstsein. „Ich bin jemand und ich kann etwas. Ich bin ein MANN."

> Macho-Denken!

Sollte es mal nicht klappen, sollte ein Mann im Bett versagen — dann ist die Frau schuld. Wer sonst!

Es ist nicht schön für den Mann, wenn er versagt.

> Das ist für keinen schön.

Mark R.:

Wenn alles passen sollte, dann schau ich doch, dass ich möglichst viel von ihr habe. Je länger ich den Sex hinauszögern kann, desto besser.

Wo bekommt man diesen Mann zu kaufen?

Ich will auch einen!

okay, und was
macht es heiß?
Fummeln?

Daniel W.:

Genau meine Rede, Mark. Je länger,
desto schöner. Ein heißes Date heißt
nicht unbedingt, mit einer zu schlafen.
Würde ich nicht tun.

Olivia hat auch so ein Prachtexemplar ...

Mein Traummann denkt sehr oft wie eine Frau und verhält sich auch dementsprechend.

Im Streitgespräch rollt er mit den Augen und zieht genervt den Atem in die Länge, wo es eigentlich meine Aufgabe wäre, dies zu tun. Aber meinen Respekt – er kann das wirklich gut.

Ehrlich, so was kann ganz schön nerven. Auf diese Weise macht Streiten einfach keinen Spaß!

Das mit den Traummännern kann manchmal in die Hose gehen. Vor allem, wenn man einen hat, der sich wie ein Mimöschen aufführt!

Remy:
Daniel W., warum würden
Sie das nicht tun?

Daniel W.:

Es turnt mich nicht an, wenn eine zu mir sagen würde, gleich nach dem ersten Date.

„Komm, lass es uns tun."

Dann würde ich fragen: „Bist du bei jedem so schnell?"

Na, klar. Von nichts kommt nichts!

Selbst ist die Frau!

Daniel E.:

Hey, Alter, das ist der Hauptgewinn. Wie bist du denn drauf?
Bist du schwul?

Eva ist begeistert ...

„Es ist herrlich, wenn man DAS liest und sich denkt - Ach, ist das schön, es gibt noch mehr Leidensgenossinnen!"

LACH

Hihi!

Es gibt sie noch, die Männer, die genau solche Fragen stellen, wie du mit den genervten Sprüchen der Frauen beweist.

Mir ist solch ein Exemplar über den Weg gelaufen und das, als ich gerade anfing, die Entscheidung zu treffen, nur noch meine Socken zu waschen und die meiner Kids!

Seitdem sind wir 17 Jahre verheiratet. Ich habe diese Entscheidung noch keinen Tag bereut.

Glückwunsch!

Remy:

Bitte, Jungs, nicht anzüglich werden. Das ist ein ernstzunehmendes Thema!

Daniel E., hier werden keine persönlichen Angriffe gestartet. Bitte reißen Sie sich zusammen!

Genau, Daniel, reiß dich zusammen! 3 Minuten ist zu kurz!

Love

Glaub ich sofort.
Es reicht, wenn
man es macht.
;-)

John MC.:

Was hat das mit Schwulsein zu tun?
Ich muss das Wort „Sex" überhaupt nicht
erwähnen!

114

Ella:

Liebe Remy,

über Männer gibt es so viel zu schreiben, wo ich sagen muss, dass ich nun auch ein Ausnahmemodell zu Hause habe.
Aber über einen von meinen Ex-Freunden könnte ich Bücher schreiben. Das war der Meister im Blöde-Sprüche-Klopfen Die schlimmsten für mich waren über Sex.

„Los, Baby, blas mir einen." – Wo man schon als Frau die Lust verliert, und dann nach dem Sex –
„Wie war ich? Komm, gib zu, ich bin der Beste."

Immer schön das Ego aufbauen.

Wenn ich ehrlich bin, dachte ich mir beim Sex:
„Weck mich, wenn es vorbei ist."

Da braucht man keinen Sex.

Männer sind halt zum größten Teil Machos. Zum Glück gibt es auch Ausnahmen!

Daniel E.:

Genau, John, da kommen dann
Sätze wie: „Ich will dich!" oder
„Wenn du hier wärst, würde ich dich
sofort nehmen." zum Einsatz.

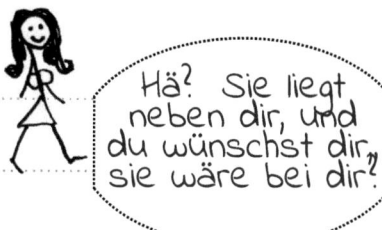

Hä? Sie liegt neben dir, und du wünschst dir, sie wäre bei dir?

Da machste was falsch!

Anna:

Vielen lieben Dank, Remy, dass ich auch bei dieser tollen Idee dabei sein darf.

> Immer gerne!

Nachdem ich alle Antworten der von Dir befragten Herren durchgelesen habe, bin ich heilfroh, das Glück zu haben, seit über 30 Jahren mit einem „Traummann" verheiratet zu sein.

> Du, Glückliche!

Wenn ich mir die Äußerungen der einzelnen Herren so ansehe, kann ich mich glücklich schätzen, in meinem bisherigen Leben noch nicht an einen solchen Ausbund an „Männlichkeit" geraten zu sein.

Und wie vorteilhaft sich die Lektüre erotischer Romane auf eine Beziehung auswirken kann, hat auch mein Mann mittlerweile bemerkt. :-)

Hihi!
Es ist doch noch nicht Hopfen und Malz verloren!

Remy:

Das ist sehr aufschlussreich. Was geht in einem Mann vor ... sagen wir, wenn der Sex gut war?

Ulrike:

Liebe Remy,

was für eine interessante Idee. Die Kommentare der Männer sind wirklich der Hammer. Da sieht man, dass eben doch nicht jeder Mann gleich ist.

Eine typische Situation nach dem Vorspiel ...
„Schatz, hol ein Kondom!"
Er: „Ach nö, Schatz!"
Ich: „Ach doch, Schatz!"
Er: „Ich will aber ohne."
Ich: „Willst du noch ein Baby? Dann können wir gerne ohne!"
Er: „Hmpf". – Kurz überlegt er. – „Ach komm, scheiß drauf."
Ich: „Nicht dein Ernst!"
Er: „Ein Baby ist doch schön. Du wolltest doch immer drei Kinder."

So viel zur Psyche des Mannes, wenn ein Orgasmus in Sicht ist. ;-)

Ja, und die Arbeit hinterher hat die Frau!

Daniel E.:

Ich habe gewonnen. Wieder eine geknackt. ;-)

ohne worte

Mark R.:

Kommt drauf an. Wenn es mal so, wie John sagte, passiert ist, mit zu schnell gekommen ... „Oh Scheiße" ... Man schaut die Frau an ... wie reagiert Frau darauf? Hat sie es gemerkt, oder ist sie mit einem gekommen? Wenn sie genauso schnell war wie ich ... „Schwein gehabt." Dann geht es von vorne los.

Junge, du hast Anschauungen ...
Da fehlen mir die worte.

131

Beate fallen einige ihrer Sünden ein, bei manch einem blöden Spruch der Männer. ;-)

Es gibt doch wirklich Kerle, denen es echt egal ist, ob Frau auch was vom Sex hatte. Und Vorspiel, warum die Mühe?

Manch blödes Gesicht seh ich geradezu vor mir. Doch es gibt auch andere ...
Nur muss man die erst finden!

zum Glück

Das Leben ist halt kein Wunschkonzert. ;-)

Das ist die sprichwörtliche Nadel im Heuhaufen. Manches findet man schnell, anderes dauert eben länger. ;-)
Nur nicht aufgeben.

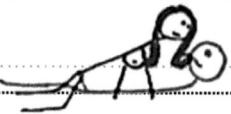

Daniel W.:

Wenn wir beide gekommen sind:
„Puh ... echt anstrengend ... Aber
es war gut, oder?
War es das?
Wenn die Frau erledigt ist, und ich
selbst noch nicht gekommen bin ...
„Okay, sie braucht eine Pause ...
sanft streicheln ... Vielleicht kann
sie mit ihm spielen, damit er hart
bleibt ... ein paar Küsse ... hmmm,
das gefällt mir ... feucht müsste
man sie wieder bekommen, sonst
tut´s weh ...

Normalerweise
kann Frau
öfters als Mann!

Mark R.:

... und wenn man es dann geschafft hat, ...
„Welche Position hatten wir noch nicht?"

Jeanette:

13 Jahre war ich Soldatin und habe in der Männerwelt so einiges erlebt.

Liebe Männer da draußen, manchmal ist es sinnvoll, die Klappe zu halten. Prahlerei kann nämlich nach hinten losgehen.

Zwei Kameraden von mir standen zusammen und schauten dabei zu, wie ich meinen Rekruten was vermitteln wollte. Auf einmal sagte der eine zum anderen: „Die Stuffz leg ich auch noch flach!" Dumm für ihn, denn der andere war mein heutiger Ehemann. Und nein, flachgelegt hat er mich nicht!

He he, gut gemacht!

Remy:

Ich danke Ihnen. Wie ich sehe, ist dieses Thema noch lange nicht erschöpft. Mal sehen, ob ich es noch weiter ausbauen werde. Doch für heute ist erst einmal Schluss.

Meine Herren, ich danke Ihnen für Ihre aufschlussreichen Antworten. Wenn man das so liest, wird sich bestimmt die ein oder andere Frau gerne bei Ihnen melden.

... oder auch nicht!

Daniel E.:

Gerne, schicken Sie mir ruhig ein
paar vorbei. Ich beglücke jede! ;-)

war mir klar ...
und dann keinen hoch kriegen.

Daniel W.:

lol ... Das war viel zu viel Einblick. :-P
Ich bin bereits in festen Händen.

Mark R.:

Danke, aber ich suche mir meine
Freundin schon selbst.

John MC.:

Vielen Dank. Auch ich bin schon vergeben. Viel Erfolg mit Ihrem Buch. <3

Danke!

Das war es nun ... Mann trifft Frau – Frau trifft Mann!

Ob beide dasselbe von dem anderen denken?

So wie Sie lesen konnten – eher nicht. Es war eine Erfahrung für mich, das zu schreiben. Wahrscheinlich haben sich die Männer sehr zurückgehalten mit ihren Antworten.

Als ich das Buch angefangen habe zu schreiben, – und ich mir bestimmte Fragen überlegen musste – hätte ich nie damit gerechnet, dass daraus so etwas hätte entstehen können.

Das Befragen der Männer war nicht immer einfach. Zeitweise wurde ich rot dabei. Mein Glück, dass keiner der Herren meine roten Wangen zu sehen bekam. Auch redete ich mit dem Bildschirm, wenn ich darauf wartete, was für eine Antwort ich auf die Fragen bekam.

Der Clou war – nachdem das Begleitbuch für das Chaos-Wochenende fertig war, ging es auf Reisen. Neunzehn Damen aus Facebook beteiligten sich daran, ihre Sichtweise auf die Dinge (Herren) zum Besten zu geben. Es ging quer Feld ein, durch ganz Deutschland und sogar nach Österreich. Erst nachdem das Büchlein den Weg wieder heim zu mir fand, wurde daraus dieses Buch.

Und wie Sie sehen, konnte ich mir manchen Kommentar dazu nicht verkneifen. ;-)

Mein Fazit: Bewerte nie ein Buch nach seinem Einband – denn man könnte eine Überraschung erleben. :-)

Ich danke Ihnen, dass Sie dieses Buch bis zum Ende gelesen haben. Auch danke ich allen Mitwirkenden für ihre ehrlichen Antworten – sei es nun von den Männern, wie auch von den Frauen. Ihr habt mir meine Sichtweise auf die Dinge versüßt.

Vielen Dank dafür!

Ihre Remy Schoen

Das Chaos Wochenende

Leseprobe

„Hey, was machst du da?", fragte meine Freundin.

„Nach was schaut es denn aus?"

„Mann, bist du heut wieder gut drauf."

„Betti, du nervst mich. Hast du nichts zu tun, außer blöde Fragen zu stellen?"

„Rena, ich soll dich holen. Die Getränkelieferung ist gekommen."

„Und? Kann ich da was für? Ich habe Pause!"

„Stell dich nicht so an, Renate Schön, und schwing endlich deinen fetten Arsch hoch und hilf mir. Außerdem ist es der Fahrer, der dich immer anlächelt."

Ich hasste es, wenn Betti meinen vollen Namen sagte. Warum? Weil ich Renate als alt empfand und das ganze Gegenteil von schön war.

Zu meiner Person: Ich bin einen Meter zweiundsechzig groß und sechsunddreißig Jahre alt. Habe einen kleinen Busen, dafür aber einen fetten Arsch und einen Bauch, der meinen Busen an Masse übertrifft. Mein Gesicht ist eher rund und meine grünbraunen Augen sehen glupschig aus, was ich gekonnt mit Schminke überdecke. Warum man meiner Familie den Namen Schön gegeben hat – keine Ahnung. Zum Glück liegt Schönheit im Auge des Betrachters. Leider muss ich gestehen, bin ich nicht mit Glück gesegnet, denn die, die mich betrachteten … Den Rest können Sie sich denken.

„Was schaust du denn so, komm jetzt endlich, der wartet nicht ewig."

Der Getränkelieferant war ein ekliger, kleiner Kerl, aber er passte zu mir. Und wenn ich schon keinen normalen Typen abbekam, dann halt so einen.

„Betti, wie heißt das Fabelwesen mit den Flügeln?"

„Keine Ahnung, da gibt's mehrere. Löst du schon wieder diese haarsträubenden Kreuzworträtsel?"

„Die sind nicht haarsträubend. Da kann man eine Wochenendreise nach Mallorca gewinnen. Mir fehlen nur noch der Anfangsbuchstabe und der mittendrin. Weißt du jetzt, wie das Fabelwesen mit dem Schnabel und den Flügeln heißt?"

„Dass der einen Schnabel hat, hast du nicht gesagt."

„Echt nicht?"

„Die Damen, würden Sie nun endlich Ihren Arsch bewegen und hinten rausgehen, um die Getränke in Empfang zu nehmen?"

Das war die Stimme unseres Lagerleiters, der sich gerne als Boss aufführte, obwohl er es nicht war. Unser Chef war ein kleiner dicker Mann mit einer Hornbrille, der den ganzen Tag über in seinem kleinen Büro im ersten Stock saß. Er kam nur heraus, wenn der Laden schloss und Geld zu holen war. Ansonsten sah man ihn den ganzen Tag nicht. Er war ein komischer Kauz, doch er passte zu uns, wir, die von der Natur aus Benachteiligten.

„Hey, wird's bald."

„Ich geh ja schon. Kommst du nun, Rena?"

„Ich brauch noch das Wort. Hey, Schönling, weißt du ein Fabelwesen mit Schnabel, das fliegen kann?"

„Greif?"

„Hey ... passt. Danke."

„Komm endlich. Der wartet nicht ewig."

„Ja, tu doch langsam. Ich hab es. Der Lösungssatz heißt: `Flug unter Palmen´„

„Schön. Jetzt komm."

Ich legte also den Stift weg, schob den Stuhl zurück und ging mit Betti zur hinteren Laderampe, wo der schleimige Lieferant immer auf uns wartete. Doch heute stand dort an der Rampe ein ganz anderer Fahrer. Der sah richtig gut aus. Ein markantes Gesicht und strahlende Augen. Doch als er mich sah, entglitten ihm seine Gesichtszüge.

Tja, das war der Effekt, den ich immer auf das männliche Geschlecht hatte. Mittlerweile war mir das egal, es gab ja schließlich noch Bob in meinem Leben. Bob war kein Mann, der an mir rumnörgelte und meine Ersparnisse wegfraß. Bob war mein Dildo. Er brauchte nur von Zeit zu Zeit frische Batterien, und die konnte ich mir von meinem Gehalt gerade noch leisten.

„Oh, Sie sind aber nicht Jürgen", hörte ich Betti sagen, die mich aus meinen Gedanken riss.

„Nein, der hat frei. Seine Frau hat heute Nacht entbunden, und da hat er sie ins Krankenhaus fahren müssen. Würden Sie das bitte unterschreiben?"

Das waren doch einmal gute Nachrichten. Ich wusste gar nicht, dass dieser Schleimscheißer eine Frau hatte. Komisch, selbst so ekelhafte Typen wie dieser Fahrer bekamen eine Frau ab, nur bei mir stellte sich einfach kein Mann ein.

„Tschau", sagte der Typ und grinste Betti an.

„Können wir jetzt gehen?", fragte ich meine Freundin, schnappte mir den Hubwagen und schob ihn unter die Getränke-Palette.

„Klar. Komm, ich helf dir."

„Danke. Hast du nun schon einen Plan, was wir im Urlaub machen? Diesmal bleib ich nicht zuhause."

„Keine Ahnung, Rena. Mein Schatz meint, du kannst auch bei uns im Gartenhaus schlafen. Das würde sich dann auch wie Urlaub anfühlen."

Pah, als wenn ein Gartenhaus Strand und Meer ersetzen könnte. In Bettis Gartenhaus gab es weder eine Klimaanlage, noch vor dem Haus einen Swimmingpool. Da hatte ich es ja auf meinem Balkon noch besser als in dem blöden Holzhaus, wo nachts die Moskitos Jagd auf mich machten.

„Nee, danke. Da kann ich auch auf Balkonien Urlaub machen. Oder ich schick das Lösungswort an die Rätseladresse."

„Renate, wie oft hast du das nun schon probiert? Bis jetzt hast du noch nie etwas gewonnen."

„Na, und? Irgendwann findet jeder mal ein Korn."

Betti tat gerade so, als wenn ich noch nie etwas gewonnen hätte. Einmal hatte ich einen Handyvertrag erhalten. Sicher, ich hatte für den Plasmafernseher mitgemacht, den ich dann leider nicht gewann, aber der Vertrag war auch nicht schlecht. Dafür hatte ich mir nur ein Handy anschaffen müssen.

„Renate, das ist echt lachhaft. Du weißt genauso gut wie ich, dass du vom Pech verfolgt bist. Also warum probierst du es dann immer noch?"

„Weil die Hoffnung zuletzt stirbt! Denk doch mal positiv."

„Pfff ... das sagt die Richtige. Als wenn du jemals positiv gedacht hättest. Darf ich dich an den Handyvertrag erinnern?"

„Nein! Ruhe jetzt. Wegen dir hab ich jetzt schlechte Laune."

Endlich hatte ich es geschafft. Betti hielt die Luft an. Lange würde sie das eh nicht aushalten, und ich sah genau, wie es in ihrem Kopf zu arbeiten anfing. Sie suchte bereits nach einem Kontra für mich. Dieser verdammte Handyvertrag, auf den Betti abzielte, war ein Kuckucksei gewesen. Ich Trottel hatte mir extra ein neumodisches Handy besorgt, weil Betti meinte, dass man so etwas jetzt brauchte. Dabei hätte mir auch ein ganz normales gereicht. Ich musste nicht auf dem Handy Spiele spielen oder in irgendwelchen Plattformen chatten, denn dafür hatte ich meinen Laptop. Aber was tat man nicht alles. Und dann ... dann entpuppte sich der Vertrag als Geldfalle. Ich gab mehr Geld aus, als ich telefonierte. Bis ich den Vertrag wieder kündigen konnte, musste ich die Frist von zwei Jahren einhalten.

Das Ganze war nun schon eineinhalb Jahre her, und auch wenn ich nicht telefonierte, zahlte ich diese überhöhte Grundgebühr.

„Hörst du mir überhaupt noch zu?"

„Nein. Nimm du den Hubwagen, ich geh mal in den Aufenthaltsraum und schau nach meinem Rätselheft. Ein blindes Huhn muss doch auch mal etwas gewinnen."

„Gib her. Du weißt schon, was dein Problem ist, oder?"

Klar wusste ich das, aber sagen würde ich das nie. Also zuckte ich nur mit der Schulter. „Dass ich kein Huhn bin?"

„Nee."

„Was dann?"

„Du bist nicht blind!"

„Was?", fragte ich begriffsstutzig. Wie meinte sie das?

„Du bist weder ein Huhn noch blind, also auch kein blindes Huhn. Für Glupschaugen gibt es keinen Gewinn!"

„Oh, danke. Sehr nett von dir. Du wirst schon sehen, ich gewinne diesmal diese Reise, aber dich nehme ich dann ganz bestimmt nicht mit, und wenn der Laden abfackeln sollte", sagte ich noch, während ich auf dem Weg zum Aufenthaltsraum war.

Eins

Man sollte doch meinen, dass, wenn man den Wecker auf fünf Uhr morgens stellte, der auch zur richtigen Zeit läutete. Doch dem war nicht so.

Es war Freitag, und der erste Tag vom Wochenendurlaub. Ein Urlaub, den ich vor ein paar Wochen in einem Kreuzworträtsel hatte gewinnen wollen, und den ich nun dank unseres Schönlings auch gewonnen hatte.

Natürlich durfte auf so einer Reise meine beste Freundin Betti nicht fehlen. Und heute war der Tag der Tage. Noch gestern hatte ich einen Zettel, wo ich mir draufgeschrieben hatte, was heute als Erstes anstand, an die Kühlschranktür gepinnt. Doch stattdessen hätte ich ihn an meinen Wecker pinnen sollen. Denn dieses blöde Ding läutete nicht zur rechten Zeit.

Sicher können Sie sich vorstellen, dass ich aus allen Wolken fiel, als pünktlich um acht Uhr das Taxi bei mir läutete. Mit einem Ruck war ich hellwach. Anziehen, Sachen zusammensuchen, Rucksack packen und dann weg. Es blieb keine Zeit mehr für eine gute Tasse Kaffee, Waschen und was sonst noch angestanden hätte, denn im Taxi saß ja Betti und wartete. Außerdem ging der Flieger schon um neun Uhr, und man musste mindestens eine Stunde vorher eingecheckt haben.

Beim Hinauslaufen fand ich nur einen Flipflop, den zog ich mir an. Wo der zweite war – keine Ahnung. Zum Glück hatten wir Sommer, und es fiel bestimmt nicht besonders auf, wenn man nur mit einem Flipflop durch die Gegend lief.

Außer Puste kam ich am Taxi an.

„Hey, hast du heute verpennt?"

„Ich kann nichts dafür, dass mein Wecker nicht lesen kann", grummelte ich vor mich hin. Was sollte das? Ich war ein absoluter Morgenmuffel, vor einer Tasse Kaffee durfte man mich nicht ansprechen. Und gute Laune am frühen Morgen vertrug ich schon gar nicht, ohne eine zweite Tasse Kaffee.

Als der Fahrer schließlich nach endlosen Minuten in seinem Taxi saß, war ich schon der Verzweiflung nahe. Denn die Zeit schritt voran. Nicht nur auf dem Taxameter, sondern wir mussten unseren Flug erwischen. Folglich war ich nicht nur mangels Kaffee angepisst, sondern auch wegen des langsamen Taxifahrers.

„Zum Flughafen bitte, und das schnell!"

„Hören Sie nicht auf meine Freundin. Schnell ist zwar gut, aber gesund ist besser."

Oh Mann, noch so ein Spruch und ich sprang zum Fenster raus. Was war Betti heute wieder gut gelaunt.

Ich freute mich zwar auch auf die Reise, aber dieser dämliche Wecker, der fehlende Flipflop und der schleichende Taxifahrer steigerten nicht gerade mein Wohlwollen.

„Rena, ist dir schon mal aufgefallen, dass du nur einen Flipflop anhast?"

„Nein. Ich lauf immer so rum." War ja klar, dass sie mich darauf ansprach. Diese Frau sah einfach alles.

„Aha, die gnädige Frau hat heute noch keinen Kaffee gehabt. Na, das kann ja ein schöner Urlaub werden."

„Halt die Luft an, Beatritsche, ich sag ja auch nicht, wie du deinen Mann zu vögeln hast."

Ja, ich weiß. Ich war gemein. Aber so viel Fröhlichkeit am Morgen vertrug ich nicht ohne Koffein.

„Es tut mir leid, Betti. Du kannst ja nichts für den bescheidenen Namen."

„Ja, ja, ist schon gut. Ich kenne dich ja. Schauen Sie bitte auf die Straße und fahren Sie ein wenig schneller, wir müssen unseren Flug noch erwischen."

Boah. Zu mir sagte sie, ich wäre unhöflich zu dem Taxifahrer und nun maulte sie ihn an. Sie hatte ja recht, der trödelte auch wirklich nur so durch den Verkehr. Wenn er dachte, dass ich dafür noch mehr bezahlen würde, kannte mich dieser gute Mann nicht.

Endlich kamen wir am Flughafen an, leider mit einer halben Stunde Verspätung. Zum Glück hatte ich nur meinen Rucksack mit dem Nötigsten gepackt. Den brauchte ich mir nur auf den Rücken zu schmeißen, um dann schnell bis zum Check-in zu laufen. Bei Betti war das anders. Sie packte immer mehr ein, als sie brauchte. So wie jetzt auch. Die kleine Handtasche hing über ihrer Schulter, und den schweren Koffer hievte sie durch die lange Eingangshalle. Mit schnell Laufen war da nichts. Und wenn wir weiterhin so dahinschlichen, würden wir das Flugzeug nicht mehr erreichen.

„Mach endlich. Bring deine Zwergenfüße in Gang."

„Das sagt die Richtige. Wer hat denn heute verschlafen und ist zu spät ins Taxi gestiegen?"

„Grumml." War ja mal wieder klar. Aber dass sie eine ganze Stunde zu spät auf der Matte erschien, davon sagte sie nichts. Dieser Urlaub fing schon mal gut an.

„Grummel nicht in deinen nicht vorhandenen Bart. Wir werden das schon noch schaffen."

„Dein Wort in Gottes Gehörgang."

„Wenn wir eingecheckt haben, dann gehst du als aller erstes in einen Duty-Free-Shop, hast du mich verstanden!?"

„Was soll ich da? Ich habe nichts vergessen."

„Rena, die Menschen schauen uns schon ganz komisch an. An mir liegt das bestimmt nicht."

Das war mir auch schon aufgefallen. Schon als wir die Halle betreten hatten, guckten manche recht blöd. Gut, ich könnte sagen, dass das mein Effekt auf die Menschheit war, doch soweit wollte ich dann doch nicht gehen. Es reichte schon, dass ich immer das männliche Geschlecht vergraulte.

„An mir auch nicht. Du bist die mit den zu kurzen Beinen, nicht ich." Wahrscheinlich ...

Schon wieder eine, die mich verwundert anschaute. Am liebsten wäre ich zu der Tusse gegangen und hätte sie angebrüllt, sie soll woanders hinschauen. Doch ich sagte nichts.

Ich brauchte dringend einen Kaffee, sonst würde ich noch austicken.

„Rena, ich hab genauso lange Beine wie du."

„Das kann jeder behaupten. Mach endlich. Oh Gott, das schaffen wir nie."

„Ich versteh gar nicht, wie du so rennen kannst, mit nur einem Flipflop."

„Da siehst mal, ich bin mit nur einem Schuh schneller als du mit zwei."

„Du machst mich heute wahnsinnig. Kann ich von dem Trip noch zurücktreten?"

„Untersteh dich! Schließlich habe ich dich mitgenommen, und es ist eindeutig deine Schuld gewesen, dass ich verschlafen habe."

„Meine? War ja klar, jetzt bin ich wieder schuld, nur, weil du deinen Wecker nicht gehört hast. Womöglich hast' den im Schlaf einfach ausgemacht und deswegen hast' auch verpennt. Wann ist gnädige Frau denn gestern wieder zu Bett gegangen?"

„Früher als sonst."

„Ach, hat Bob gestern Pause gehabt?"

„Pst … schrei doch nicht so, muss doch nicht jeder wissen, dass mein Dildo Bob heißt."

Oh, Scheiße. Jetzt hatte ich mich doch tatsächlich verplappert. Kein Wunder, dass jeder, der in unmittelbarer Nähe zu uns stand, lachte. Bettis Gesicht brauchte ich gar nicht anzuschauen, nur um zu sehen, dass sie den Kopf schüttelte. Leider passierte so was immer, wenn ich keinen Kaffee bekam.

„Schieb es ja nicht auf den Kaffee!"

„Ich hab doch gar nichts gesagt."

Als wir dann endlich das nächste Gate außer Puste erblickten, kam die Durchsage: „Liebe Fluggäste, der Flug nach Mallorca auf Terminal 8 hat wegen schlechtem Wetter fünfzehn Minuten Verspätung. Wir bitten, dies zu entschuldigen."

„Boah, haben wir Schwein. Na, dann kann ich mir ja noch einen zweiten Flipflop besorgen."

„Rena, wahrscheinlich musst du ein Paar Flipflops kaufen, nicht nur einen."

„Für was denn ein Paar? Mir reicht doch einer. Ich habe doch schon einen."

Ich brauchte mich nicht zu Betti umzudrehen, um zu wissen, dass sie den Kopf schüttelte. Das tat sie nämlich immer, wenn sie glaubte, dass ich falsch lag. Doch diesmal lag ich nicht falsch. Warum sollte ich denn ein Paar kaufen, wenn ich nur einen brauchte?

„Okay. Bis gleich. Und Rena ..."

„Ja?"

„Sei nett zu dem Verkäufer. Der kann nichts für deine schlechte Laune."

Als wenn ich schon jemals meine schlechte Laune an jemandem ausgelassen hätte. Ich würde Betti einfach den Gefallen tun und nett anfragen.

Doch bevor ich zu dem Verkäufer ging, musste ich mir noch das Buch ansehen, das ich von Weitem in der Auslage gesehen hatte. Der Titel klang interessant: „Das Sexualleben des Mannes" Der Preis, der mit fast zehn Euro zu Buche schlug, ging auch. Vielleicht verstand ich dann das männliche Wesen besser.

„Ähm, Entschuldigung, die Flipflops ... was kosten die?" ...

Ende der Leseprobe

Impressum

1. Auflage (handmade), März 2017

2. Auflage, Februar 2022

Copyright © 2022 Remy Schoen

Cover Gestaltung und Titelbild: © RemySchoen

info.remyschoen@gmail.com

Bilder: Ute M. Hager & Pixabay

Layout & Satz: Ute M. Hager

Lektorat: Katharina Gade

Herstellung & Verlag:

BoD – Books on Demand, Norderstedt

ISBN: 9783755708162

Zum Schmoekern

Geschichten und Rezepte aus Omas Kräutergarten

Oder wie meine Oma sagen würde: „Dreck macht die Sau fett!"

Demnächst

Backen durchs ganze Jahr. Die Lieblingsrezepte der ganzen Familie in einem Kalender vereint.

Romantisches Chaos. 3 Freundinnen suchen den Mann fürs Leben ....

Eine Sekretärin zum Küssen (Meike)

Oder wie meine Mama sagen würde: „Lass die Oma zuhause, wir fahren in den Urlaub!"

Puderzucker-Geschichten aus Omas Werkstatt

Meine Oma würde sagen: „Was Hans nicht lernt, lernt Hänschen nimmermehr!"

Erhältlich überall dort, wo es Bücher zu kaufen gibt, oder bei der Autorin selbst..